BOEKANALYSE

AF142094

Swann's Way

. . . .

MARCEL PROUST

BOEKANALYSE

Geschreven door Apolline Boulanger
Vertaald door Nikki Claes

Swann's Way

MARCEL PROUST

MARCEL PROUST

FRANSE SCHRIJVER

- **Geboren in Parijs in 1871**
- **Overleed daar in 1922**
- **Opmerkelijke werken:**

  - *Pleasures and Days* (1896), verzameling verhalende gedichten en korte verhalen.

  - *Op zoek naar de verloren tijd* (1913-1927), roman in zeven delen

  - *Tegen Sainte-Beuve* (1954), verzameling essays en verhalende passages

Marcel Proust, geboren in 1871, was een belangrijk Frans schrijver van de 20e eeuw. Zijn hoofdwerk, *Op zoek naar de verloren tijd* (1913-1927), winnaar van de *Prix Goncourt* in 1919, betekende een opleving van de roman. Een kroniek van een samenleving, die van de Belle Époque (de jaren vóór de Eerste Wereldoorlog), een beschrijving van de onregelmatigheden van de liefde, en een esthetische, filosofische en morele reflectie. Dit werk in verschillende delen verbaasde zijn tijdgenoten en blijft een onderwerp van grote discussie.

SWANN'S WAY

IN HET HART VAN DE PROUSTIAANSE WERELD...

- **Genre:** roman

- **Referentie uitgave:** Proust, M. (1992) *Op zoek naar de verloren tijd: Swann's Way.* Trans. Scott Moncrieff, C. en Kilmartin, T. Londen: Chatto and Windus.

- **Eerste uitgave:** 1913

- **Thema's:** liefde, jeugd, schrijven, tijd, maatschappij

Swann's Way, zelf uitgegeven in 1913, is het eerste deel van *In Search of Lost Time.* Het bestaat uit drie verschillende delen. In "Combray" vertelt de verteller over zijn jeugdherinneringen, zijn gehechtheid aan zijn moeder en de eerste keren dat hij las. Er verschijnen personages die in het hele werk een prominente plaats innemen, met name Swann. "Swann in Love" schetst Swanns vroegere leven en zijn jaloerse liefde voor Odette. Tot slot is "Plaatsnamen: de naam" een droom over de reizen die de verteller zou willen maken, maar die hij door zijn ziekte niet kan maken.

SAMENVATTING

DEEL ÉÉN – COMBRAY

Hoofdstuk 1

- Bedtijd: de verteller beschrijft, na een inleidende beschouwing over wakker worden, slapen en gewoonten, de herinneringen aan zijn jeugd in Combray. Zo spreekt hij over het drama van het slapengaan en het angstig wachten op de kus van zijn moeder, aan wie hij zeer gehecht is, de toverlantaarn die personages uit legendes op de muur projecteerde, de dagen en avonden met zijn familie en de bezoeken van Charles Swann. Deze laatste wordt voorgesteld als een hartelijke buurman en een wereldvreemde man; door verhullende verwijzingen begrijpen we dat hij een ongelukkig huwelijk heeft.

- Herrijzenis van Combray: het hoofdstuk wordt afgesloten met de beroemde episode van de madeleine in het kopje thee, die door de smaak ervan het Combray van zijn kindertijd in de geest van de verteller volledig doet herleven. De verteller vergelijkt het onvrijwillige geheugen, dat in deze passage wordt geïllustreerd, met het vrijwillige geheugen, dat slechts gedeeltelijke herinneringen oplevert.

Hoofdstuk 2

- Combray: eerst worden de stad, de kerk, de gewoonten van zijn tante Léonie, zijn slaapkamer en zijn gesprekken met Françoise, de kokkin en het dienstmeisje, in beeld gebracht. Daarna doet een menigte nieuwe personages hun intrede: Legrandin, een ingenieur en amateurkunstenaar die het snobisme bekritiseert om er enkele bladzijden later zelf schuldig aan te zijn; oom Adolphe, die ruzie krijgt met de familie nadat hij de verteller heeft voorgesteld aan de dame in het roze, een courtisane; Bloch, een vriend van de verteller, maar die zijn familie niet erg mag en die uiteindelijk uit het huis wordt verbannen, enz. Via Bloch ontdekt de verteller de werken van de schrijver Bergotte. Hij verneemt ook dat de dochter van Swann bevriend is met de schrijver, wat haar in zijn ogen zeer prestigieus maakt.

- Swann's Way: op regenachtige dagen gaat de familie wandelen in de buurt van het landgoed van de Swann's. De verteller ziet Mademoiselle Swann uit de verte en is erg onder de indruk van haar. De componist Vinteuil en zijn dochter verschijnen. De vriend van Mademoiselle Vinteuil trekt bij haar in, wat de reputatie van de twee jonge meisjes schaadt en het hart van haar vader breekt. Tante Léonie sterft, evenals Vinteuil. Tijdens een wandeling droomt de verteller ervan een boerenmeisje in het bos te kussen: dit is de geboorte van het verlangen. Toevallig ziet hij door het raam van mademoiselle Vinteuil een sadistische scène.

- De weg van Guermantes: op zonnige dagen steekt het gezin de brug over om lange wandelingen te maken langs de Vivonne. De verteller stelt zich gesprekken voor met Madame de Guermantes, de eigenaresse van het kasteel, en onthult zijn passie voor creatief schrijven. De zonsopgang markeert de terugkeer van de verteller naar zijn tijd.

DEEL TWEE – SWANN VERLIEFD

- De "kleine clan" bij de Verdurins: Swann ontmoet Odette via een vriendin. Zij introduceert hem in de Boheemse salon van de Verdurins, waar Vinteuil, dokter Cottard, zijn vrouw en een anonieme schilder aandachtig aanwezig zijn. Swann, die gewend is aan meer populaire salons, maakt een uitstekende indruk op de Verdurins. Zijn ontmoetingen met Odette worden frequenter en de korte muzikale frase uit de sonate die Vinteuil speelt voor de frequente bezoekers van de salon wordt "het volkslied van hun liefde" (p. 305). Ondanks alles blijft Swann uitgaan met een jonge werkster, tot de dag waarop hij, nadat hij Odette bij de Verdurins niet heeft gezien, de hele avond tevergeefs naar haar op zoek gaat. Zeer opgewonden ontmoet hij haar uiteindelijk bij toeval; hij vergezelt haar vervolgens naar haar huis en brengt de nacht met haar door.

- De liefde van Swann: ook al rechtvaardigen de slechte smaak en de twijfelachtige reputatie van Odette deze liefde niet, ze blijft groeien. Omdat Swann niet weet wat Odette doet als hij afwezig is, begint hij jaloers te worden, vooral op de Comte de Forcheville, een nieuwe favoriet van de Verdurins sinds Swann zelf in ongenade is gevallen. Op een avond ontslaat Odette Swann omdat ze zich onwel zegt te voelen. Later wordt hij achterdochtig en denkt hij licht te zien bij Odette's raam: zijn jaloezie is op zijn hoogtepunt totdat hij zich realiseert dat het verlichte raam in werkelijkheid dat van haar buren is. Odette begint te liegen en de Verdurins, die definitief vijandig zijn geworden tegenover Swann, vormen een extra obstakel voor hun ontmoetingen.

- Dood van een liefde: Swann probeert enkele geruchten op te helderen die hij heeft gehoord over Odette's losse moraal. Terwijl zij niet probeert hem te veranderen, hij die buigt voor al haar wensen, wordt zij prikkelbaar en afstandelijk. Swann keert terug naar de wereld waarvan de vertrouwdheid hem troost. Op een receptie van Madame Saint-Euverte herinnert alles hem aan Odette, met name het muziekfragmentje uit de sonate van Vinteuil dat daar wordt gespeeld. Hij begrijpt dat Odette's gevoelens voor hem nooit meer zullen terugkeren. Nadat hij verneemt dat zij met Forcheville naar Egypte gaat, ontvangt hij een anonieme brief waarin staat dat Odette geen deugdzame vrouw is. De jonge vrouw geeft zelf haar ontrouw aan hem toe, alvorens te vertrekken op een lange cruise met de Verdurins. Een jaar later ontmoet Swann Madame Cottard die hem verzekert dat Odette van hem houdt. Dit vertrouwen stopt Swanns jaloezie, zijn liefde wordt zwakker en verlaat hem geleidelijk.

DEEL DRIE – PLAATSNAMEN: DE NAAM

- Dromen van reizen: de verteller, wiens zwakke gezondheid hem als kind belette te reizen, vertelt over zijn fascinatie voor plaatsnamen; zijn verlangen om Balbec, Venetië en Florence te zien is zo groot dat hij voor elk van deze steden een denkbeeldige dubbelganger creëert, die hij alleen kan afleiden uit de klank van hun namen of uit wat er over hen gezegd wordt. Ook Berma, een actrice die hij niet mag zien om zijn kwetsbaarheid niet te verergeren, krijgt een mythische status.

- Op de Champs-Élysées: de jonge hoofdpersoon ontmoet Gilberte in de tuin bij de Champs-Élysées waar Françoise hem meeneemt om te spelen. Zijn liefde voor haar neemt toe, hij is teleurgesteld als hij haar niet ziet en opgetogen als ze nader tot elkaar komen. Hij wacht op een liefdesbrief van Gilberte, houdt niet meer van Bergotte omdat die hem aan Gilberte doet denken en praat onophoudelijk over haar en alles wat met haar te maken heeft. We vernemen dat Swann ruzie heeft gekregen met de ouders van de verteller.

- In het Bois de Boulogne: de verteller wacht in haar auto op Odette Swann, die ook de charme en het mysterie van Gilberte bezit. Odette de Crécy, de courtisane, is Madame Swann geworden, de vrouw van een man met machtige vrienden en een elegante vrouw met aangename outfits. *Swann's Way* eindigt met de herinnering aan een wandeling in het bos jaren later, wanneer de mode is veranderd en de oude victoria koetsen (een onoverdekt voertuig op vier wielen dat wordt voortgetrokken door een of meer paarden) zijn vervangen door auto's. De verteller ziet dat de werkelijkheid die hij kende niet meer bestaat en betreurt het onderscheid tussen vrouwen en mannen in zijn jeugd.

KARAKTERSTUDIE

DE VERTELLER

Aangezien *Swann's Way* verschillende perioden van zijn leven bestrijkt, is hij tegelijkertijd de volwassene wiens overwegingen over kunst, gevoelens en sensaties door het hele werk verspreid zijn, de jongen in Combray en de student in "Plaatsnamen". Hij is een gevoelig kind met een zwakke gezondheid, dat hartstochtelijk van zijn moeder houdt. Hij leest veel, is geïnteresseerd in theater, schrijft gedichten en droomt van reizen. Van Legrandin vernemen we dat hij "een ziel in zich heeft van zeldzame kwaliteit, de natuur van een kunstenaar" (p. 93). Hij wordt verliefd op Gilberte, die hij voor het eerst ziet in Combray en die hij op de Champs-Élysées ontmoet.

DE FAMILIE VAN DE VERTELLER

De verteller komt uit een middenklasse gezin, een nest waar hij verwend en gelukkig is. De jonge verteller houdt vooral van zijn moeder en grootmoeder. Zijn vader is een meer afstandelijke figuur, die op de achtergrond blijft. Zijn tante Léonie, zijn oudtante en zijn oudoom Adolphe zijn de aanleiding voor anekdotes en diverse ontdekkingen.

SWANN

Swann, een roodharige man met groene ogen, een snor en een monocle, is een elegante man en een delicate estheet die connecties heeft in de wereld. Hij wordt in veel verschillende gedaanten getoond. In "Combray" is hij de goede buur die de jonge verteller ervan weerhoudt zijn moeder te kussen. We ontmoeten hem in een vroeger stadium in "Swann in Love", waarin hij verliefd is op Odette en gekweld wordt door jaloezie. In "Plaatsnamen" tenslotte staat hij niet meer op goede voet met de familie van de verteller en is hij getrouwd met Odette, met wie hij een kind heeft. Swann heeft door zijn liefde voor Odette een soortgelijke angst als die van de verteller ervaren terwijl hij wacht op de kus van zijn moeder: deze parallel verklaart ten dele de uitweiding van Swanns liefdesverhaal.

ODETTE

Wanneer ze Swann ontmoet, is ze een verzorgde vrouw die Odette de Crécy heet. Swann merkt haar schoonheid pas op als hij beseft dat ze lijkt op de dochter van Jethro in *De beproevingen van Mozes*, een fresco van Botticelli (Italiaanse schilder, 1445-1510). Odette "is niet bepaald de belichaming van deugdzaamheid of intellect" (p. 318), maar toch wordt Swann smoorverliefd op haar. In "Place-Names" is Odette Madame Swann geworden: dit huwelijk schokt de middenklasse, die haar weigert te accepteren, ook al is ze door het contact met Swann een verfijnde vrouw geworden.

DE SALON VAN DE VERDURINS

De salon bestaat uit de Verdurins, een welgesteld echtpaar dat prat gaat op hun artistieke gevoeligheid, en hun wisselend aantal stamgasten: onder anderen Cottard, een arts wiens intellect niet geweldig is; Vinteuil, wiens korte muzikale motief de liefde van Odette en Swann symboliseert; Elstir de schilder; Brichot, een pompeuze professor aan de Sorbonne; en Odette. Het is in deze salon dat Swann, voordat hij eruit wordt gezet, zijn eerste momenten met Odette doorbrengt.

GILBERTE

Gilberte is de dochter van Swann en Odette op wie de verteller verliefd wordt. Roodharig, levendig en oneerbiedig (als kind maakt ze, wanneer ze de verteller voor het eerst ziet, een obsceen gebaar naar hem), buigt ze helemaal niet voor zijn romantische verwachtingen. In plaats daarvan biedt ze bereidwillig haar vriendschap aan, en geeft hem een knikker en een boekje van Bergotte over Racine (Franse tragische dichter, 1639-1699) cadeau.

ANALYSE

EEN MODERNE ROMAN

* Dubieuze uitgevers: toen Proust in 1912 zijn manuscript naar uitgevers stuurde, waren die niet enthousiast. Het commentaar van Alfred Humblot, directeur van uitgeverij Ollendorff, vatte hun gevoelens samen: "Ik kan niet begrijpen waarom een man dertig pagina's zou besteden aan het beschrijven van hoe hij in een bed woelt en draait voordat hij in slaap valt" (de Robert, 1989, zoals geciteerd in McDonald en Proulx, 2015). Proust werd bekritiseerd omdat hij een warrige, wijdlopige schrijfstijl had en zijn lezer verloor in oneindige uitweidingen. Zelfs André Gide zelf (Franse schrijver, 1869-1951), van de *Nouvelle Revue Française* ('Nieuwe Franse Tijdschrift'), wees het manuscript af, wat hij later bitter zou betreuren.

* Een nieuwe stijl: de zo gehekelde Proustiaanse stijl markeerde echter een nieuwe stijl, een stijl die tegenwoordig als een van de mooiste in de Franse taal wordt beschouwd. De complexiteit, maar ook de schoonheid van Prousts uitdrukking ligt in de lengte, de stromen relatieve bijzinnen en de apposities die er ritme aan geven. De uitdrukking van Proust creëert zijn eigen lezers, dat wil zeggen dat de lezer zich aanpast aan zijn cadans en woordenschat; door hem aan te spreken met elegante zinnen, maakt hij hem aandachtig, geboeid – of gevangen; hij kronkelt zich rond de lezer, alsof hij de wereld insluit "binnen de cirkel van de mooie stijl" (Proust, *Time Regained*).

- Een moderne literaire ambitie: de reden waarom Proust een nieuwe stijl creëert is dat hij een manier nodig heeft om zijn "onderbrekingen van het hart" te vangen (een van de eerste titels die Proust afwees voor *Op zoek naar de verloren tijd*). Vóór Proust vertelden schrijvers een verhaal, zoals Balzac (Franse schrijver, 1799-1850) of schilderden ze een psychologisch portret, zoals Benjamin Constant (Franse schrijver, 1767-1830). Proust schept echter geen wereld, zoals Balzac: hij herontdekt een verloren wereld. De plot maakt plaats voor de indrukken en sensaties van de hoofdpersoon.

STANDPUNTEN

- De dubbelzinnigheid verteller/hoofdpersoon: de "ik" die het verhaal vertelt in *Swann's Way is* zowel de verteller als de hoofdpersoon. Door deze dubbelzinnigheid is het soms moeilijk om het standpunt van de volwassen verteller te onderscheiden van dat van de hoofdpersoon. Tot nu toe hebben we de term "verteller" onverschillig gebruikt.

- De held-verteller: over het algemeen is het het gezichtspunt van de jonge held dat het verhaal domineert. Hij observeert de wereld om hem heen, met al zijn hedendaagse onzekerheden, waardoor hij niet weet wat er in de hoofden van de andere personages omgaat. De houding van Gilberte, bijvoorbeeld, is raadselachtig in de ogen van de hoofdpersoon die verscheurd wordt tussen hoop en kwelling: soms lijkt ze vriendschap te willen bieden, soms lijkt ze alleen maar een vriendelijke onverschilligheid voor hem te voelen. Hij beperkt zich dus tot vermoedens.

- De volwassen verteller: het verhaal concentreert zich soms op de volwassen verteller, die ironisch commentaar levert op een actie van de hoofdpersoon of zijn heimwee naar het verleden uit, bijvoorbeeld aan het eind van de roman wanneer hij met spijt de vroegere elegantie van de mensen die in het Bois de Boulogne wandelen vermeldt.

- De alwetende verteller: de verteller kan ook tijdelijk alwetend worden, zoals in "Combray", waarin we de woorden lezen die Françoise en tante Léonie uitwisselen terwijl de hoofdpersoon in de mis is. In "Swann in Love" geeft de verteller zijn subjectieve positie volledig op en identificeert hij zich niet langer als de hoofdpersoon omdat hij vertelt over gebeurtenissen die plaatsvonden voordat hij werd geboren.

- Een modern proces: *Swann's Way* presenteert dus schematisch drie verschillende gezichtspunten: de volwassen verteller, de held en de andere personages, mogelijk gemaakt door een alwetende verteller. We moeten het moderne karakter van dit proces benadrukken, dat de realistische illusie waartoe veel romans zich ten tijde van Proust nog beperkten, trotseert.

AUTOBIOGRAFIE OF FICTIE?

- Auteur en verteller: terwijl het onderscheid tussen verteller en hoofdpersoon dubbelzinnig is, is dat tussen verteller en auteur dat evenzeer. De brieven en kladjes van Proust zouden kunnen doen vermoeden dat sommige eigennamen gewoon zijn overgeschreven: Combray zou dus een literaire reproductie zijn van Illiers, waar Proust als jonge jongen op vakantie ging, en Charles Swann zou het fictieve alter ego zijn van Charles Haas, een lid van de elite die Proust bewonderde.

- Van leven naar werk: laten we echter niet te snel verbanden leggen. Proust schreef in *Jean Santeuil* (1952) het volgende:

> *"… wat zijn de geheime relaties, de noodzakelijke metamorfoses, die bestaan tussen het leven van een schrijver en zijn werk, tussen werkelijkheid en kunst, of liever […] tussen de schijn van het leven en de werkelijkheid zelf die de duurzame achtergrond ervan vormt en die de kunst heeft onthuld" (Proust,* Jean Santueil, 1985: 18).

De mannen en vrouwen die Proust kende, poseerden voor hem op dezelfde manier als een model voor een schilder: hij gebruikte ze als basis voor zijn personages, maar er was geen directe omzetting van het leven naar het werk. Sommige personages waren geïnspireerd door meerdere personen, door ontelbare herinneringen die Proust in één personage verzamelde.

- Het echte leven is literatuur: het werk, ook al is het onderwerp ervan het leven, is dus geen kopie ervan. Alles is geanalyseerd, herschikt en gereconstrueerd om van het werk "ons echte, eindelijk onthulde en verlichte ware leven te maken, het enige leven dat echt geleefd wordt" (Proust, *Time Regained*).

PROUST'S WERELD

In *Swann's Way* geeft Proust ons niet alleen een subtiele analyse van menselijke passies, maar ook een verbazingwekkende beschrijving van de middenklasse en de aristocratische samenleving van zijn tijd.

- Liefde in Proust: zoals de later verworpen titel "Intermittences of the heart" suggereert, is een van de hoofdthema's van de Proustiaanse literatuur, en *Swann's Way* in het bijzonder, de liefde: aanvankelijk de bezitterige liefde van Swann voor Odette, vervolgens de liefde van de hoofdpersoon voor Gilberte. In beide episodes zien we romantische passie vorm krijgen op dezelfde manier als in het hele werk: jaloers, onvoorspelbaar en verdrietig. Het voorwerp van de liefde is ondoorzichtig en ontoegankelijk: de tekst toont ons de gedachten en gevoelens van de geliefden, maar zelden die van Odette en Gilberte. We zijn er nooit zeker van dat de liefde wederzijds is. Zo zegt de held in het derde deel: "in mijn vriendschap met Gilberte was ik de enige die liefhad" (*Swann's Way*, p. 560). Bovendien is Swanns liefde voor Odette een voorbode van de liefde van de hoofdpersoon voor Albertine, later in *Op zoek naar de verloren tijd*: Albertine deelt Odettes voorliefde voor vrouwen en neiging tot liegen. Liefde komt, tegelijk met jaloezie en verdriet, voort uit de onmogelijkheid de geliefde volledig te bezitten, die de minnaar ontwijkt, zelfs wanneer hij gevangen zit, zoals Albertine in *De gevangene*.

- Een hiërarchische wereld: het sociale universum waarin onze held zich ontwikkelt is gelaagd, wat voor hem zowel een bron van angst als van grenzeloze dromen is. Zijn ouders behoren tot de middenklasse, die grote aanstoot nam aan het ongepaste huwelijk van Swann met een courtisane, maar onze hoofdpersoon is niet minder gefascineerd door Odette en verliefd op haar dochter. Hij heeft ook ontzag voor de adellijke naam van de Guermantes, die het voorwendsel vormt voor denkbeeldige avonturen in Combray.

- Maatschappelijke verhoudingen belachelijk gemaakt: Proust, die vaak salons bezocht, drijft graag de spot met het snobisme en de intellectuele leegte die er heersten en die hij in zijn werk herschept. De onwetendheid van de Verdurins wordt duidelijk wanneer zij Swann hard beoordelen, hoewel hij meer smaak en finesse heeft dan alle andere stamgasten van hun salon. Legrandin maakt zich belachelijk wanneer hij op een dag hoofden doet omdraaien wanneer hij vergezeld wordt door een populaire relatie. Legrandin is een roddelaar, een vleier met vleierij voor degenen op wie hij indruk wil maken, verteerd door zijn ambitie om hogerop te komen in de maatschappij, en gemotiveerd door het verlangen om door de aristocratie geaccepteerd te worden. Hij gaat zo ver dat hij zich aan het eind van *De vluchteling* de "Comte de Méséglise" noemt, waarmee hij op opportunistische wijze deze geografische herkomst omzet in een schimpnaam, waarmee hij door de volgende generaties toch bekend zal staan. De kritiek op het snobisme neemt ook andere vormen aan in het werk: de gebruiken van de salons worden minutieus beschreven en spottend en geestig beschreven in *De weg van Guermantes*; Gilberte wordt tijdens haar jeugd door de maatschappij buitenspel gezet vanwege de reputatie van haar moeder, maar wordt Mademoiselle de Forcheville wanneer Odette hertrouwt en zij haar vroegere banden met Swann verbreekt om eindelijk toegang te krijgen tot omgevingen die eerder voor haar gesloten waren.

- Stockfiguren: sommige van Prousts personages zijn uiteindelijk een maatschappelijk typecast geworden – zoals Balzacs Rastignac, een ondernemende man met hoge ambities: Swann is de typecast van de maatschappelijke suprematie geworden en Madame Verdurin die van een opdringerige mecenas.

VERDERE REFLECTIE

ENKELE VRAGEN OM OVER NA TE DENKEN...

- Waarom besteedt de verteller zoveel tijd aan de liefdesgeschiedenis van Swann, die zich jaren voor de geboorte van de hoofdpersoon afspeelde?

- In hoeverre en hoe bespot Proust in de roman het leven van de salon en zijn sociale klimmers? Geef voorbeelden.

- *In Swann's Way* worden ten minste twee gevallen van liefde beschreven: die van Swann voor Odette en die van de hoofdpersoon voor Gilberte. Wat zijn de kenmerken van de Proustiaanse liefde?

- Kan *Swann's Way beschouwd worden* als een autobiografische roman? Motiveer uw antwoord.

- Proust was erg gesteld op de titel *Swann's Way*, ondanks de aanbevelingen van zijn vriend, Louis de Robert, die het liever anders had gezien. Waarom koos hij ondanks alles voor deze titel?

- Waarom denken critici dat de publicatie van *Swann's Way* de komst van de moderne roman markeert? Leg uit.

- Hoe zou het volgens u mogelijk zijn om de vruchtbare en kostbare stijl van deze roman te reproduceren in een verfilming?

- In "Combray", schrijft Proust het volgende:

> *"En zo is het ook met ons eigen verleden. Het is een vergeefse poging om het te heroveren: alle inspanningen van ons intellect moeten vergeefs blijken. Het verleden is ergens buiten het rijk verborgen, buiten het bereik van het intellect, in een of ander materieel object (in de sensatie die dat materiële object ons zal geven) waarvan we geen flauw benul hebben"* (p. 60).

Leg dit uit aan de hand van voorbeelden uit het werk.

VERDER LEZEN

REFERENTIE-UITGAVE

Proust, M. (1992) *Op zoek naar de verloren tijd: Swann's Way*. Trans. Scott Moncrieff, C. en Kilmartin, T. Londen: Chatto and Windus.

REFERENTIESTUDIES

De Robert, L. (1989) Comment débuta Proust. *Du côté de chez Swann*. Parijs: Gallimard.

McDonald, C. en Proulx, F. eds. (2015) *Proust and the Arts*. Cambridge: Cambridge University Press.

Proust, M. (1985) *Jean Santeuil*. Trans. Hopkins, G. Harmondsworth: Penguin.

Proust, M. (2003) *The Sweet Cheat Gone*. Trans. Scott Moncrieff, C. [Online]. Project Gutenberg. [Accessed 18 October 2016]. Beschikbaar vanaf: <http://gutenberg.net.au/ebooks03/0300541.txt>

Proust, M. (2003) *Time Regained*. Trans. Hudson, S. [Online]. Project Gutenberg. [Accessed 18 October 2016]. Beschikbaar vanaf: <http://gutenberg.net.au/ebooks03/0300691.txt>

AANPASSINGEN

Swann in Love (1984) [Film]. Volker Schlöndorff. Dir. Parijs: Les Films du Losange.

*We horen graag van jou! Laat
een reactie achter op jouw online bibliotheek
en deel je favoriete boeken op social media!*

Waarom kiezen voor Must Read?

Kom alles te weten over een boek met onze beknopte en diepgaande samenvattingen en analyses!

Ontdek het beste uit de literatuur in een compleet nieuw licht!

De uitgever garandeert de betrouwbaarheid van de gepubliceerde informatie, die echter niet onder zijn verantwoordelijkheid valt.

www.50minutes.com

Master ISBN: 9782808688284
Papier ISBN: 9782808699686
Wettelijk depot: D/2023/12603/1248

Omslag: © Primento

Digitaal ontwerp: Primento, de digitale partner van uitgevers.